Bibliografische Information der Deutschen Nationalbibliothek:

Die Deutsche Bibliothek verzeichnet diese Publikation in der Deutschen National-
bibliografie; detaillierte bibliografische Daten sind im Internet über http://dnb.d-
nb.de/ abrufbar.

Impressum:

Copyright © 2018 GRIN Verlag
Druck und Bindung: Books on Demand GmbH, Norderstedt Germany
ISBN: 9783668838093

Dieses Buch bei GRIN:

https://www.grin.com/document/449018

Greta Kaiser

Die zielgerichtete Suche. Eine Motivanalyse des Schlosses in Kafkas Romanfragment "Das Schloß"

GRIN Verlag

GRIN - Your knowledge has value

Der GRIN Verlag publiziert seit 1998 wissenschaftliche Arbeiten von Studenten, Hochschullehrern und anderen Akademikern als eBook und gedrucktes Buch. Die Verlagswebsite www.grin.com ist die ideale Plattform zur Veröffentlichung von Hausarbeiten, Abschlussarbeiten, wissenschaftlichen Aufsätzen, Dissertationen und Fachbüchern.

Inhalt

1. Einleitung

Franz Kafka ist nicht nur einer der bedeutendsten Erzähler des 20. Jahrhunderts, er hat zudem einen ganz besonderen Status als Autor in der Weltliteratur.[1] Obwohl die Meinungen der Leserschaft über Kafkas literarische Hinterlassenschaft auseinandergehen - so rufen seine Texte Bewunderung, Unverständnis, Widerwillen und Ablehnung[2] hervor -, ist unbestritten, dass seine Rolle als Literat und seine Bedeutung für die Literatur einzigartig ist. Diese Einzigartigkeit besteht auch darin, dass man sich einer Franz Kafka Lektüre nicht so einfach entziehen kann. Mögen seine Texte uns Leser auch zuweilen abschrecken und verwirren, sogleich können sie auch fesselnd sein. Doch worin liegt Kafkas Bann, dem man als Leser unterliegen kann? Liegt es daran, dass man die Rätsel, die Kafka einem aufgibt, zu lösen versucht oder ist es die Unbestimmtheit seiner Texte? Auch Albert Camus scheint genau in dieser konstanten Undurchsichtigkeit die allgemeine Faszination Kafkas Schriften begründet zu sehen, als er vorsichtig behauptet, „[…]es sei das Schicksal und die Größe dieses Werkes, dass es alle Möglichkeiten darbietet und keine bestätigt."[3] Kafkasche Literatur hinterlässt oftmals beim Leser „[ein] Gefühl der Absurdität […]"[4]. Genau dieser Eindruck des Absurden, wie auch das Gefühl der „unmögliche Deutbarkeit", ruft insbesondere Kafkas Romanfragment „Das Schloß" hervor.

Der Roman „Das Schloß" erzählt von der Ankunft und dem Aufenthalt des Helden K. in einem fremden Dorf, das als gräflicher Besitz zum Schloß gehört. Dennoch sind das Dorf und seine Dorfbewohner, sowohl räumlich als auch sozial, vom höher gelegenen Schloß abgegrenzt. Das Schloß, welches man als einen herrschaftlichen Apparat bezeichnen kann, kontrolliert und lenkt das Leben der Dorfbewohner. Obwohl diese herrschaftliche Instanz das Zentrum der Welt der Dorfbewohner darstellt, ist ein direkter Kontakt mit dem Schloß nicht möglich. K., der als Fremder in diese Welt eintaucht, hat dieses Schloß zum Ziel seiner Reise auserkoren und versucht unermüdlich – trotz aller Hindernisse, die sich im entgegenstellen – sich Zugang zu dem Schloß-Komplex zu verschaffen.

---

[1] Zur neueren Diskussion über den Begriff vgl. v.a. Horst Rüdiger, >Literatur< und >Weltliteratur< in der modernen Komparatistik. In: Albert Schaefer (Hrsg.), Weltliteratur und Volksliteratur. München 1972, S. 36-54.
[2] MANN, K.: „Danke für die Kafka-Ausgabe." In: Heinz Politzer (1980), S. 162.
[3] CAMUS, A.: Die Hoffnung und das Absurde im Werk von Franz Kafka. Aus: Ders.: Der Mythos von Sisyphos. Ein Versuch über das Absurde. [Franz. 1942] mit einem kommentierenden Essay v. Liselotte Richter. Deutsch v. Hans Georg Brenner u. Wolfdietrich Rasch. Hamburg: Rowohlt Taschenbuch Verlag. S. 112.
[4] CAMUS, A.: Der Mythos des Sisyphos. Deutsch und mit einem Nachwort von Vincent von Wroblewsky. Hamburg: Reinbeck, 3. Auflage. 2001. S. 14.

Die vorliegende Arbeit hat die Hauptintention herauszustellen, wie die Suche nach Erkenntnisgewinnung und die Erkenntnismöglichkeit als übergreifendes literarisches Motiv – anhand des Schloßes – in Kafkas Roman „Das Schloß" problematisiert und dargestellt werden. Zudem wird aufgezeigt, inwiefern die Urteilsfähigkeit und Wahrnehmung des Protagonisten, im Zuge seiner Suche nach dem Schloß, indifferent werden.

Das erste Kapitel der Arbeit beinhaltet eine Analyse des Motivs des Schloßes, die zugleich die damit verbunden Vorstellungen des Protagonisten beleuchtet. Anschließend folgt eine ausführliche Beschreibung, wie K. die Dorf- und Schloßwelt wahrnimmt; hierbei wird insbesondere die Wahrnehmung des Schloß-Komplexes fokussiert. In diesem Zusammenhang ist es unerlässlich, die Metapher des Schloßes in einem erkenntnistheoretischen Kontext herauszuarbeiten und zu entschlüsseln.

Des Weiteren befasst sich die Arbeit mit Kafkas Raumdarstellung im Schloß. Der Raum, die nicht bestimmbaren Lokalitäten einschließend, spielt eine große Rolle. Hier wird erläutert, wie im Roman „Das Schloss" die Räume maßgeblich durch die Wahrnehmung des Protagonisten K. präsentiert werden, der sich in der Weite und Unbestimmtheit, der von Kafka gezeichneten Räume, verliert. Es wird aufgezeigt, inwiefern der Versuch des Helden, sich einen fremden Raum durch „Vermessung" anzueignen, die Suche nach dem Schloß beeinträchtigt. In den daran anschließenden Kapiteln wird untersucht, in welcher Form das Schloß – als Machtinstanz – bezeichnet werden kann und wie sich diese Macht, gebunden an einen Raum, darstellt und reproduziert. Die Untersuchungen bezüglich der Raum – und Machtdarstellung in Kafkas Werk dienen dem übergeordneten Ziel, die Suche K.s nach dem Schloß, als den Versuch einer Erkenntnisgewinnung, zu enthüllen.

Der Schluss der Arbeit befasst sich mit der Fragestellung, ob K.s Suche nach dem Schloß sinnbildlich für die Suche nach Erkenntnis – im Sinne der gnostischen Lehre – stehen kann. In diesem Zusammenhang wird zunächst eine kurze Zusammenfassung der Grundgedanken des Gnostizismus vorangestellt, um ferner zu prüfen, ob sich das Motiv des Schloßes in einem gnostischen Verständnis entschlüsseln lässt.

2. Das Schloß – Motiv

„Es war spät abend als K. ankam. Das Dorf lag in tiefem Schnee. Vom Schloßberg war nichts zu sehen, Nebel und Finsternis umgaben ihn, auch nicht der schwächste Lichtschein deutete das große Schloß an. Lange stand K. auf der Holzbrücke die von der Landstraße zum Dorf führt und blickte in die scheinbare Leere empor."[5]

Franz Kafka beginnt seinen Roman mit einer Beschreibung der Ankunft seines Helden K. in einem fremden Dorf. In diesen wenigen Sätzen wird mehrfach betont, dass das Schloß[6] physisch nicht wahrnehmbar ist „vom Schloßberg war nichts zu sehen [...]"[7]. Dennoch wird das Schloß in seiner Existenz als existent dargestellt. Das Schloß und das Dorf sind in K.s Realität unbestritten vorhanden, nur ist das Schloß in einem unbestimmbaren Raum verortet, welcher für den Rezipienten nicht zu fassen ist.[8] Für den Leser bleibt das Schloß genauso fern, wie auch die Figur K. bis zum Schluss der Geschichte ein Fremder bleibt, da der Text weder Informationen über seine Herkunft noch über den begehrten Gebäudekomplex verrät. Kafka schenkt seinem Helden nicht einmal einen richtigen Namen; die Figur bekommt lediglich die Initiale K. zugeschrieben; dadurch ist jegliche soziale und kulturelle Einordnung des Helden unmöglich.[9] Die erzählerische Gestaltung des Textes verzichtet konsequent auf die temporale und lokale Einordnung der Geschichte; dies vereinfacht den Verstehensprozess der Handlung keineswegs, wirft aber die Frage auf, ob die Bedeutung des Schloßes nicht gerade in dessen Unerreichbarkeit liegt.

Die Sekundärliteratur ist sich einig, – ausgehend von Max Brods Deutung, das ‚Schloss' müsse als das, „was die Theologen als ‚Gnade' nennen, die göttliche Lenkung des menschlichen Schicksals"[10]betrachtet werden – dass K.s Schloß tatsächlich existiert. Als Leser der Geschichte und Begleiter K.s auf seinem endlosen Weg zum Schloß und im Kampf gegen die zahlreichen Widerstände, welche sich ihm entgegenstellen, kann man sich nur schwer der Frage verwehren, worin der Sinn dieser scheinbaren inhaltslosen Suche liegt.

---

[5] KAFKA, F.: „Das Schloß", hrsg. v. Malcolm Pasley, Frankfurt/Main: Fischer, 1982. S.7. (Kritische Ausgabe) (Seitenzahlen und Angaben zu den Zitaten in runden Klammern). Diese Ausgabe wird im Folgenden zitiert.
[6] In der vorliegenden Arbeit wird im Folgenden Kafkas Rechtschreibung „Schloß" übernommen.
[7] Ebd.
[8] Vgl.: PHILIPPI, K.: Reflexion und Wirklichkeit. Untersuchungen zu Kafkas Roman ‚Das Schloß'. In: Studien zur deutschen Literatur, hrsg. v. Richard Brinkmann, Friedrich Sengle und Klaus Ziegler, Tübingen: Max Nemeyer Verlag 1966. Band 5, S. 33.
[9] Vgl.: PASLEY, M./WAGENBACH, K., 1995, Datierung sämtlicher Texte Franz Kafkas, in: J. Born u.a., Kafka-Symposium, Berlin. S. 55-82. Vgl. auch BINDER, H., 1976, Kafka-Kommentar zu den Romanen, Rezensionen, Aphorismen und zum Brief an den Vater, München. S. 263.
[10] Vgl.: KAFKA, F.: ‚Das Schloß' mit einem Nachwort von Max Brod, München 1926. S. 495.

Philippi schreibt - im Rahmen seiner Auseinandersetzung mit Brods These, Kafkas Held habe faustische Züge[11]-, dass die fortwährende physische Distanz zu dem Objekt der Begierde entscheidend dazu beitrüge, dass der Held sein Ziel nicht aus den Augen verlöre.[12] Diese Auslegung verleiht K.s „inhaltslosem Streben"[13] zwar eine gewisse Sinnhaftigkeit, kann aber nicht darüber hinweg täuschen, dass der Held sein Ziel nicht erreicht.

Anders[14] versucht, in der Biographie Kafkas und in den frühen Arbeiten des Autors Antworten zu finden. Dabei stellt er die Behauptung auf, Kafkas „[...] Leben [sei] ein einziger, niemals unterbrochener Beweisversuch. Und das Leben seiner Helden desgleichen."[15] Dieser Drang, sich beweisen zu müssen, findet seinen Ursprung, so Anders, im Fremdsein und im damit einhergehenden „Nichtzugehörens". In diesem Zusammenhang ist es hilfreich, sich die Bedeutung des „Seins" in Kafkas Sinne vor Augen zu führen. Seiner Definition nach, bedeutet das Wort ‚Sein' „im Deutschen beides: ‚Da-sein' und ‚ihm gehören'.[16] Diese Definition impliziert, dass ein Fremder nicht „sein" kann, da ihm das Fremdsein dazu determiniert, nicht Teil eines Ganzen sein zu dürfen. Kafkas Held K. bleibt ein Fremder, trotz aller Bemühungen um Anerkennung und Einlass in die Schloß-Welt. „[...] Er will aufgenommen werden. Aber die ihn beriefen, wissen nichts von seiner Berufung: also wird er nicht aufgenommen [...] sein ganzes weiteres Leben [...] besteht nun in den tausendfachen wiederholten Versuchen und Bemühungen, doch akzeptiert zu werden [...].[17] Man könnte in diesem Kontext nun davon ausgehen, dass das Schloß exemplarisch für K.s verzweifelte Selbstsuche stehe. Folgt man Anders' These, dass K.s Verlangen, sich dem Schloß zu nähern, nur Ausdruck seines nicht zu unterdrückenden Triebes des unaufhörlichen „Beweisversuches" ist, ist das ‚Schloß' ein totes Motiv. Die Anerkennung und Integration, die K.s Beweisversuch das langersehnte Ende bringen können, werden ihm weder durch die Dorfbewohner noch durch das Schloß zuteil. Seine Berufung als „Landvermesser" mutet zunächst als ein kleiner Erfolg an, bekräftigt sein Fremdsein aber umso mehr. Zwar wird er als solcher angesprochen, jedoch ist dieser Rufname inhaltslos, da die Dorfbewohner die Bestimmungen und Aufgaben eines Landvermessers aus ihrer Lebenswelt nicht kennen und

---

[11] „[...] ‚Wer immer strebend sich bemüht, den dürfen [sic!] wir erlösen'- [so] sollte also das Werk enden, das man wohl als Franz Kafkas Faust-Dichtung bezeichnen kann. Freilich ist es ein Faust in absichtlich bescheidenem, ja dürftigen Gewande und mit der wesentlichen Modifikation, daß diesem neuen Faust nicht die Sehnsucht nach den letzten Zielen und äußersten Erkenntnissen der Menschheit treibt, sondern das Bedürfnis nach den primitivsten Lebensvoraussetzungen, nach Entwurzelung in Beruf und Heim, nach Eingliederung in die Gemeinschaft." (Nachwort zu ‚Das Schloß', S. 482). In: PHILIPPI: Reflexion und Wirklichkeit. S. 48.
[12] Ebd.
[13] Philippi: Reflexion und Wirklichkeit S. 224 u. S. 50.
[14] ANDERS, G.: Kafka Pro und Kontra. Die Prozeß Unterlagen. München: C. H. Beck, 1963, 2. Aufl., S. 18ff.
[15] Ebd.:
[16] Anders: Kafka Pro und Kontra. S. 19.
[17] Anders: Kafka Pro und Kontra. S. 21.

keinerlei Bezug zu K. herstellen können. Die Worte der Wirtin beschreiben und erklären K.s Fremdsein ziemlich genau: „Sie sind nicht aus dem Schloß, Sie sind nicht aus dem Dorfe, Sie sind nichts. Leider, aber sind Sie doch etwas, ein Fremder [...]"(69f.) Bis zum Schluss ist es Kafkas Helden nicht möglich, diesen Status aufzuheben, denn die selbst auferlegte Selbstbestätigung seiner Existenz kann nur durch die von ihm gewählte Instanz: ‚Das Schloß‘ erfolgen.

Wirklich bemerkenswert dabei ist, dass K. sich zu einer Instanz hingezogen fühlt, von welcher nichts Gutes ausgeht. Dazu schreibt Anders, in Kafkas Werken lebe die „marcionistische Idee"[18], womit er auf das Alte Testament referiert, in welchem der Schöpfergott Marcion Gott – als Gegenentwurf zum liebenden Gott – auch Gott des „Gesetzes" ist. „Das Schloß" vereint gewissermaßen diese Vorstellung einer ‚schlechten‘ göttlichen Macht, welche Gesetze erlässt, verwaltet und ausführt.[19] Ebenso interessant, wie auch unverständlich ist dabei die Rolle der Bürger des Schloß-Dorfes, welche sich nicht den Gesetzen und Strukturen der Schlossinstanz entgegenstellen, sondern sich in ihrem kleinen – vom Schloß abhängigen – Kosmos wohl fühlen.

Kafka inszeniert die Bürger als unreflektierte und obrigkeitshörige Gefolgsleute, die im Gleichschritt alles, was vom Schloß kommt, als gut definieren. Noch erschreckender in diesem Szenario ist K., der, als Außenstehender, die Möglichkeit hätte, als Erkennender die Strukturen aufzubrechen, diese aber nicht wahrnimmt. Zwar kritisiert er das System, aber sein Aufbegehren schließt nicht ein, sein Ziel umzuschreiben oder gar aufzugeben. Somit erkennt auch er die vermeintlich höhere Instanz an und akzeptiert ihre Gesetze. K. stellt damit die Möglichkeit auf Erfolg über „moralische Werte" und genau darin zeigt sich seine Schwäche: Das blinde Streben.

Philippi sieht diese Schwäche ferner als Ausdruck der Kompensation seiner „Unwissenheit".[20] Diese Unwissenheit ist auf zwei Ebenen zu verzeichnen; zum einen drückt sie sich in seinem Verhalten gegenüber seiner Umwelt aus, welches von seinem Bewusstsein, Fremder zu sein, gesteuert wird. Zum anderen bestätigt er seine Unwissenheit mit jedem Versuch mehr, nicht ein Fremder zu sein. Da die Dorfbewohner K. nicht als eine Person seiner Selbstwillen wahrnehmen, verstärkt sich ihr Eindruck, K. sei nur ein Eindringling in ihrer scharf abgegrenzten Lebenswelt und das mit jedem seiner „Beweisversuche" umso mehr.[21] Primär

---

[18]Anders: Kafka Pro und Contra. S. 88.

[19]Vgl.: Anders: Kafka Pro und Contra. S. 89.

[20] Philippi: Reflexion und Wirklichkeit. S. 59ff.

[21] Ebd.

jedoch drückt sich diese Unwissenheit in seiner Zielgerichtetheit aus, die sich lediglich auf ein in seiner Vorstellung gewusstes Schloß bezieht.

2.1 Die Darstellung des Schloßes im Roman

„Die Straße nämlich, die Hauptstraße des Dorfes, führte nicht zum Schloßberg, sie führte nur nahe heran, dann aber, wie absichtlich, bog sie ab, und wenn sie sich auch vom Schloß nicht entfernte, so kam sie ihm doch auch nicht näher."

Diese Beschreibung ist symptomatisch für K.s Wegbemühungen hin zum Schloß. Obwohl es sich ihm im Laufe der Geschichte immer wieder andeutet, bleibt das Ziel in der Ferne. Als K. in dem Dorf ankommt, hat er eine genaue Vorstellung von dem Schloß. Er erwartet ein „große[s] Schloß", auf einem „Schloßberg" sich befindend. Tatsächlich findet K. weder einen „Prunkbau" noch eine „Ritterburg" vor, stattdessen ähnelte der Anblick des vermeintlichen Schlosses einem „Städtchen", welches „aus Dorfhäusern zusammengetragen" und dessen Fassade „längst abgefallen" sei (S. 17). Diese Darstellung lässt sich nicht mit den herkömmlichen Vorstellungen und Assoziationen, welche man mit dem Wort Schloß verbindet, vereinen. Im Gegenteil, Kafka zeichnet das Bild eines verfallenen und trostlosen Gebäudes, welches sich als ein aus Steinen zusammengebautes Improvisorium vor dem inneren Auge des Lesers erstreckt. Charakteristisch für die Beschreibungen des Gebäudes ist die antithetische Darstellung, mit welcher der Autor spielt. Durch Beschreibungen wie „aus Dorfhäusern zusammengetragen" entsteht der Eindruck, bei Kafkas Schloss handle es sich nicht um ein ganzes und einheitliches Gebäude. Es liegt nahe, dass diese Annahme aus K.s indifferenten Beschreibungen resultieren. Denn K. ist nicht in der Lage, dem Leser einen Gesamteindruck von dem, was er erblickt, zu schildern; aus der Ferne kann er „das Schloß" zwar „im Ganzen" erfassen, aber sobald er es aus der Nähe betrachtet, verliert sich der Protagonist in den Einzelheiten, auf die er sich fokussiert. Es sind lose unzusammenhängende Reihungen der verschiedenen Eindrücke K.s, die er nicht zu einem Gesamtbild zu ordnen vermag. Hiermit deutet Kafka unterschwellig auch die Problematik an, wie sich das Objekt im Raum aus verschiedenen Perspektiven anders wahrnehmen lässt.

Die Angaben zu dem Schloß spiegeln die subjektive Betrachtung Kafkas Helden wider; dies wird auch durch die Verwendung der Partikel „aber" und „doch" in „[…] es war doch nur ein recht elendes Städtchen, [...] aber der Anstrich war längst abgefallen [...]" deutlich, die seine Enttäuschung und die nicht erfüllte Erwartung ausdrücken.[22]

Das Bild eines Schloßes wird nicht zuletzt durch Andeutungen wie „Dorfhaus" getrübt, welche das allgemeine verbreitete Bildkonzept eines herrschaftlichen imposanten Schloßes ausschließen. Obwohl auch K. sich nicht sicher zu sein scheint, ob das Anwesen als Schloß bezeichnet werden kann[23], versucht er sich selbst davon zu überzeugen, indem er sich auf die Dorfgemeinschaft – als bezeugende Instanz – beruft. Dass K. dem allgemeinen Konsens dieser traditionsbeherrschten Gemeinde folgt, ist schwer nachzuvollziehen; könnte gerader *er* als Fremder erklären, dass es sich hier nicht um ein Schloß handelt. In diesem Zusammenhang ist es auch interessant, sich die Bemerkung des Lehrers: „Keinem Fremden gefällt es." (S. 19) in Erinnerung zu rufen.

Die beschriebenen Baubestandteile der Anlage wie „Städtchen" und „Dorfhäuser" heben sich gegenseitig auf und das Wort Schloß bleibt in einem leeren unbestimmten Raum. Neben der atypischen Inszenierung dieses Anwesens ist ferner auffallend, dass äußerliche Merkmale nur aus der Perspektive des Protagonisten erwähnt werden. Der Rezipient bekommt die Informationen über das Aussehen des Schloßes nur durch die Wahrnehmung K.s übermittelt. An dieser Stelle ist es wichtig zu betonen, dass die äußere Darstellung des Schloßes untrennbar mit dem Bewusstsein und der Wahrnehmung der Figur K. verbunden ist. So werden im Verlauf des Romans verschiedene ‚Schloßbilder' entworfen, welche das aktuelle Befinden des Helden widerspiegeln. Denn kurz bevor K. die „aus Dorfhäusern zusammengetragene" Anlage erblickt, erfährt der Leser nur wenige Zeilen zuvor, dass K. „das Schloß deutlich umrissen in der klaren Luft [sah] und [...] oben auf dem Berg ragte alles frei und leicht empor" (S. 16f.). Aus der Ferne und in der freudigen Erwartungshaltung, ein Schloß vorzufinden, schließt K. voreilig von jeder Landschaftserhebung auf sein gesuchtes Schloß, um dann enttäuscht festzustellen, dass er sich geirrt haben muss. Aufgrund der so verschiedenen entworfenen Schlossbilder, entsteht der Eindruck, dass es sich vielmehr um eigens konstruierte Entwürfe des Protagonisten handelt, welcher selbst noch keine explizite Vorstellung des einen Schloßes hat. So erfährt man zu einem Zeitpunkt, dass der Turm der Schloß-Anlage auf K. wie ein „trübseliger Hausbewohner, der [...] das Dach durchbrochen und sich erhoben hätte, um sich der Welt zu zeigen [...]" (S. 18) wirke. An einer anderen Stelle wird der Leser dann mit: „Wenn K. das Schloß ansah, so war ihm manchmal, als

---

[22] Vgl.: KOBS, J.: Kafka – Untersuchungen zu Bewußtsein und Sprache seiner Gestalten, Bad Homburg v. d. h. 1970. S. 241.
[23] „[...] hätte man nicht gewußt, daß es ein Schloß ist, hätte man es für ein Städtchen halten können" (S. 17).

beobachtete er jemanden, der ruhig dasitze und vor sich hinsehe, [...] frei und unbekümmert"
(S.156) konfrontiert.

K.s Wahrnehmung ist zu wechselhaft und unstet, sodass es dem Rezipienten unmöglich macht, etwas Eindeutiges über das Schloß in seiner Darstellung auszusagen. Da es keine gesonderte Erzählinstanz gibt, die als Korrektiv fungieren könnte, ist der Leser abhängig von K.s Betrachtungsweise und muss sich damit begnügen – trotz der zahlreichen und detaillierten Beschreibungen – nur über einen groben Grundriss des Gebäudes zu verfügen.

2.2 Das Schloß als Metapher für Erkenntnis

„Das Schloß ist nicht der Himmel *oder* das Jenseits oder Gott. Es ist alles zusammen, eine multifunktionelle Metapher, Zion, der Mittelpunkt der Welt, der Ort der Berührung und Vereinigung von empirischer Welt und transzendentem >>Außerhalb<<."[24]

Mit diesem Satz fasst der Literaturwissenschaftler Greß die, in der Forschung bekanntesten und etabliertesten, Deutungsansätze bezüglich der Frage „Worin liegt die Bedeutung des Schloßes" zahlreicher Literaturwissenschaftler zusammen und zeigt damit auf, dass es unter den vielen konträren Interpretationen – dem „Schloß" wurden unter anderem religiöse, psychoanalytische, politisch-soziologische, biographische und philosophische Deutungen zugeschrieben – kein zufriedenstellender konsensualer Ansatz gefunden wurde, dem es gelingt, „die Rätsel der komplizierten Kafka-Welt zu lösen"[25]. Warum der Forschung, Kafkas Vertrauten - wie auch Max Brod - und dem individuellen Leser eine Antwort darauf so schwerfällt, liegt wohl darin begründet, dass mit dieser Überlegung unwillkürlich weitere Fragen folgen, deren Beantwortung gleichsam kompliziert ist.

In diesem Kapitel soll versucht werden, die im Roman beschriebene Erscheinung, „Das Schloß" als Metapher für Erkenntnis zu entschlüsseln. Dabei muss betont werden, dass im Rahmen dieser Arbeit von einer allegorischen Deutung des Werkes abgesehen wird. Denn innerhalb einer allegorischen Leseart müsse man demzufolge „Das Schloß" als einen Text wahrnehmen, welchem ein thematisch bereits behandelter Gegenstand - in Form eines Ereignisses, einer Situation oder einer Geschichte – zugrunde liegt und von Kafka nur in einer neuen Form rekonstruiert wurde. Der Literaturprofessor Gerhard Kurz beschreibt dieses

---

[24] GREß, F.: Die gefährdete Freiheit. Franz Kafkas späte Texte. Franz Kafkas späte Texte, Würzburg 1994, S. 283.
[25] Vgl.: SHEPPARD, R.: Das Schloß. In: BINDER, H.: Kafka Handbuch. Band 2, S. 44 ff.

Phänomen der Allegorie wie folgt: „Der Text legt den Prätext aus, er kommentiert ihn, indem er ihn indirekt darstellt und das heißt auch, indem er ihn vergegenwärtigt und wiederholt."[26] Würde Kafka in seinen Parabeln, Erzählungen und Romanen lediglich Prätexte, mit einer leichten Modifikation rezitieren, könnte das „Kafka-Rätsel" mithilfe einer Übersetzung solcher Prätexte leicht entschlüsselt werden.[27]

Um die Metapher „Das Schloß" in einem erkenntnistheoretischen Kontext zu erschließen, soll Kafkas Werk textimmanent, hinsichtlich der Fragestellung: „Steht K.s Reise zum ‚Schloß-Komplex' programmatisch für die Suche nach Erkenntnis?", untersucht werden.

Die Informationen über das Schloß sind so vielfältig und unterschiedlich, dass der Leser sich höchstwahrscheinlich nicht nur einmal die Frage stellt, ob dieses „ominöse" und geheimnisvolle Anwesen, welches das Leben der Dorfbewohner beherrscht und kontrolliert, überhaupt existiert. Sowohl der Romantitel, als auch die ersten Seiten des Romans geben schon ausreichend Hinweis darauf, dass es tatsächlich „ein Schloß" gibt. Alleine die Gewissheit, ein Schloß vorzufinden, ist für K. der einzige Grund, dieses zu suchen. Die ersten Zeilen beschreiben seine Ankunft mit „[…] Vom Schloßberg war nichts zu sehen, Nebel und Finsternis umgaben ihn, auch nicht der schwächste Lichtschein deutete das große Schloß an […]" (S.7); hier wird evident, dass K. von einem Schloß weiß, welches er lediglich noch nicht mit seinen Sinnen erfassen kann.

Obwohl es K. sichtlich schwerfällt, jenes Anwesen, welches sich ihm darbietet, mit seinen Vorstellungen des Schloßes zu identifizieren – so heißt es „Aber im Näherkommen enttäuschte ihn das Schloß" (S. 17) - lässt er sich keineswegs von seinem Ziel abbringen. Beim Anblick dieser Anlage, welche als „irdisches Gebäude" (S. 18) nicht seinen Vorstellungen entspricht, verliert sich K. in einem Gedankenstrom; so vergleicht er innerhalb dessen den Turm des Gebäudes mit dem Kirchturm aus seiner Heimat. Ob es sich bei diesen Beschreibungen, in welchen er den Turm als „eine[n] trübeselige[n] Hausbewohner" sieht, um Projektionen oder objektive Wahrnehmungen handelt, lässt Kafka offen. Dennoch entsteht der Eindruck, als sei das Irdische, durch das sich der Anblick des Schloßes für K. auszeichnet[28], nicht auf dessen Bauweise bezogen, sondern vielmehr als ein Merkmal beschrieben. K. empfindet den Gebäudekomplex als etwas Irdisches, weil er es als ein „sinnlich-erfahrbare[s] (Ab-)Bild erkennen kann".[29] Das Schloß impliziert nicht nur ein imposantes herrschaftliches Gebäude, sondern steht gleichzeitig für traditionelle Machtverhältnisse. Das Wort „irdisch"

[26] KURZ, G.: Metapher, Allegorie, Symbol. Göttingen: Vandenhoeck&Ruprecht 1982. S. 41.
[27] Vgl.: Greß: Die gefährdete Freiheit. S. 18.
[28] Kafka: Das Schloß. S. 18. „[…] ein irdisches Gebäude – was können wir anderes bauen?"
[29] Greß: Die gefährdete Freiheit. S. 173.

bezieht sich in diesem Kontext lediglich auf das, was K. mit seinen Sinnen und damit verbunden mit seinem Weltwissen wahrnehmen kann. Alleine die Betrachtung der Schloß-Anlage reicht Kafkas Protagonisten nicht aus, denn „[…] wäre es K. nur auf die Besichtigung angekommen, dann wäre es schade um die lange Wanderschaft gewesen […]" (S. 18); zudem differiert die Wahrnehmung des Protagonisten, abhängig von der Position und dem Blickwinkel, zu stark. Vielmehr möchte K. prüfen, ob es sich wirklich um das Schloß handelt, wonach er sucht und daher will er es mit all seinen Sinnen wahrnehmen.

Als K. seinen Weg zum Schloß fortsetzt, folgt eine Beschreibung des Weges dorthin. Allerdings scheitert die räumliche Annäherung, da „diese Hauptstraße des Dorfes nicht zum Schloßberg [führte], sie führte nur nahe heran, dann aber wie absichtlich bog sie ab […]" (S. 21). Greß postuliert, dass es sich hierbei um eine Metapher handelt, welche den „geistigen Weg" K.s symbolisiert.[30] Denn zum einen möchte K. ins Schloß, da er nur durch jene Instanz die Selbstbestätigung und Anerkennung erfahren kann, die er für ein Leben in Freiheit braucht; zum anderen geht er in den direkten Kampf mit der autoritären Macht. Die totalitären Machtstrukturen des Schloß-Apparates, durch welche er sich so eingeengt fühlt, werden ihm erst durch die Dorfbewohner und das Leben im Dorf bewusst. Diese Unfreiheit erfährt er aber nur insofern als er das Schloß, der Ort absoluter Freiheit, überhöht. Für K. bleibt diese uneingeschränkte Freiheit unerreichbar, da er sein Ziel, Zugang zu dem Schloß-Anwesen zu erhalten, von Menschen – Boten, Beamte und die Frauen - abhängig macht, die selbst in der totalen Abhängigkeit zum Apparat stehen. K.s Scheitern beginnt in der Absicht, in einen Kampf gegen das Unfaßbare zu gehen und gleichzeitig dieses Unfaßbare empirisch erforschen zu wollen.[31] Im Gegensatz zu den Dorfbewohnern, welche die Macht der Schloßbeamten nicht nur nicht in Frage stellen, vielmehr sie akzeptieren und fest daran glauben, kämpft K. – in seinem Bewusstsein der Antinomien Freiheit und Unterdrückung – gegen das System des Schloßwesens an.

K.s Art und Weise sich einen Zugang zum Schloß zu verschaffen, basiert auf Vernunft und Empirie; beides versperrt ihm den Weg. Denn obwohl Kafkas Held von Beginn an nur das Schloß als Ziel vor Augen hat, also somit um dessen Existenz weiß, versucht er jene mit allen sinnlichen Erfahrungen zu prüfen und nachzuweisen. Für die Dorfbewohner existiert das Schloß in seiner Absolutheit, weil sie daran glauben und diesen Glauben an etwas Übermächtiges nicht erst wissenschaftlich verifizieren müssen. Ihre Welt bekommt erst eine Sinnhaftigkeit durch die Schloß-Welt, welche ein „transzendentales Außerhalb" verspricht.[32]

---

[30] Greß: Die gefährdete Freiheit. S. 174.
[31] Vgl.: Greß: Die gefährdete Freiheit. S. 279.
[32] Vgl.: Greß: Die gefährdete Freiheit. S. 283.

Kafka selbst verweist auf die Dialektik „Sein und Schein", indem er erklärt, dass sein Schloß den Schein und den Glauben daran brauche; K., der zu sehr an das Weltliche gebunden sei, könne niemals Zugang zum Schloß erhalten.[33]

---

[33] KAFKA, F.: Hochzeitsvorbereitungen auf dem Lande und andere Prosa aus dem Nachlaß. Hrsg. v. Max Brod. Frankfurt/Main: Fischer, 1983. (Ho 37, Nr. 83.).

3. K. ein Topograph? – Der Landvermesser in Kafkas Schloß-Roman

In seinem Roman „Das Schloß" konstruiert Kafka eine Welt, die sich durch zwei Grundkonstituenten auszeichnet. Zum einen entwirft er ein unnahbares herrschaftliches Zentrum, das sich als die Schloss-Welt manifestiert und die dargestellte Lebenswelt überschaut und beherrscht. Zum anderen ist das Zentrum von einem peripheren Raum – hier als die Dorf-Welt mit seinen Dorfbewohnern konstituiert – umgeben, welcher in topologischer und sozialer Hinsicht dem Zentrum strikt untergeordnet ist. Im Roman werden die Räume maßgeblich durch die Wahrnehmung des Protagonisten K. präsentiert. Die Gestaltung der Räume, sowie deren Elemente sind untrennbar mit der Figur K. verbunden und dürfen somit nicht als objektive „feste" Elemente verstanden werden.

Im Folgenden soll ein Überblick über die räumlichen Verhältnisse innerhalb des „Dorf-Schloß" Raummodells gegeben werden. Neben der Darstellung und Charakterisierung der einzelnen, von Kafka gezeichneten, Räume, ist es ein Anliegen, die funktionelle Verbindung zwischen den topographischen Einheiten und den Figuren zu analysieren. Im Zuge dieser Vorgehensweise soll versucht werden herauszufiltern, welche Art der Raumdarstellung Kafkas Schloß zugrunde liegt.

Im Rahmen der Untersuchung des Raummodells: Dorf-Schloß-Komplex ist es unerlässlich, sich mit der Bedeutung des Landvermessertums auseinanderzusetzen. Obwohl der Leser keine konkreten Informationen über die tatsächlichen Tätigkeiten eines Landvermessers erhält, wird K. dennoch ausdrücklich als solcher bezeichnet. Zudem wird diese Berufsbezeichnung im Roman synonym als dessen Rufname verwendet; die Dorfbewohner sprechen ihn ausschließlich mit „der Landvermesser" an, als sei dies ein eigenständiger Name.[34]

Diese Bezeichnung wirkt jedoch inhaltsleer, da K. keine Arbeit als Landvermesser erbringt, worüber er selbst auch verwundert zu sein scheint. Dies wird deutlich, als der Verbindungssekretär Bügel ihn fragt: „Wie verhält es sich denn mit der Landvermesserei?" und K. darauf erwidert, dass er nie als Landvermesser beschäftigt worden sei (S. 408). Nimmt man K.s Benennung als Landvermesser wörtlich, kann man sich als Leser nur schwer der Frage verwehren, warum Kafka seinem Protagonisten eine Amtsbezeichnung zukommen lässt und diese konsequent im Laufe der Geschichte beibehält, obwohl diese ihm, zumindest in beruflicher Hinsicht, in keiner Weise entspricht. Da K. keine Landvermessungsarbeit im

---

[34] GRADMANN, S.: Topographie/Text: Zur Funktion räumlicher Modellbildung in den Werken von Adalbert Stifter und Franz Kafka. Frankfurt a.M.: Verlag Anton Hain 1990. S. 122.

eigentlichen Sinne des Berufs leistet, liegt die Vermutung nahe, dass die Bezeichnung des Landvermessers sich vielmehr auf sein Verhalten und die Art und Weise bezieht, wie er versucht, zum Inneren des Schlosses zu gelangen. Von dieser Überlegung ausgehend, muss der Begriff der Landvermessung auf K.s strategisches Vorgehen, sich in dem Dorf-Schloß-Raum zu organisieren, übertragen werden.[35]

Diese strategische Vorgehensweise bezieht sich vor allem darauf herauszufinden, welche Personen in seinem direkten Umfeld eine soziale und räumliche Verbindung zum Schloß aufweisen. Im Dorf-Schloß-Komplex drückt sich die soziale Position eines Individuums über die räumliche Nähe zum Schloß aus, umso höher der gesellschaftliche Rang einer Figur ist, desto enger ist sie an den Schloßkomplex gebunden, sowohl in ihrer beruflichen Tätigkeit als auch den Wohnort betreffend. So versucht K. immer wieder, in den Kontakt mit einem Beamten - als Repräsentant des Schloß-Apparat - zu gelangen, mit dem Ziel, die eigene Person, in Zukunft in diesem hierarchischen System, mit einem sozialen Ansehen etablieren zu können. Zu diesem Zweck hat er es sich zur Aufgabe gemacht, sich nur mit solchen Personen zu umgeben, die „[…] entweder wichtige Positionen in diesem Raummodell einnehmen oder K. einen Zugang zu dem Zentrum des Komplexes, dem Schloß, vermitteln zu können scheinen."[36] [37] Das Landvermessertum des Protagonisten besteht, innerhalb dieses Deutungsansatzes, darin, eine imaginäre Landkarte zu entwerfen, welche ihm dabei helfen soll, einen direkten Weg hin zum Schloßinneren zu finden. Es entsteht der Eindruck, als würde K. wirklich als Landvermesser agieren, wenn er - bildlich gesprochen - auf dieser „Karte" nach wichtigen Verbindungslinien sucht, in Hinblick auf ein soziales Gefüge, und bewusst Grenzen zieht, indem er sich von den Dorfbewohnern abzugrenzen versucht.[38] Nachdem K. realisiert, dass es keinen direkten Weg ins Schloß gibt, versucht er, einen Kontakt – über bestimmte Personen in seinem Umfeld, von welchen er glaubt, sie stünden in einer Verbindung zum herrschaftlichen Apparat – herzustellen. So weckt das Ausschankmädchen Frieda erst sein Interesse, als er erfährt, dass sie die Geliebte des Beamten Klamms ist, zu welchem K. schon geraume Zeit vergebens Kontakt sucht.[39] Dass er eine Beziehung mit ihr eingeht, kann durchaus als ein taktisches Manöver eingeordnet werden, wenngleich er im weiteren Verlauf der Geschichte Gefühle für sie entwickelt.

Dennoch scheitert diese soziale Vermessung und K. erreicht, trotz aller Bemühungen, nicht sein Ziel. Dieses Scheitern sieht der Literaturwissenschaftler Stefan Gradmann, welcher sich

---

[35] Vgl.: Gradmann: Topographie/Text. S. 123.
[36] Ebd.
[37] Dies gilt vor allem für die Frauengestalten im Roman.
[38] Vgl.: Gradmann: Topographie/ Text. S. 123.
[39] „[…] die Nähe Klamms hatte sie so unsinnig verlockend gemacht." (Kafka: Das Schloß. S. 214.)

intensiv mit der Topographie – innerhalb des Textes – in Kafkas Werk auseinandersetzt, hauptsächlich in der „mangelhaften" konkreten Raumdarstellung, begründet. Kafkas erzählerischer Stil ist vornehmlich von einer Unbestimmtheit und Vagheit geprägt, die sich auch in der Beschreibung der vorherrschenden Raumstrukturen im Schloß widerspiegelt. So erfährt der Rezipient, dass „[d]as Schloß, dessen Umrisse sich schon aufzulösen begannen [wie immer still lag], die Blicke des Beobachters konnten sich nicht festhalten und glitten ab. Dieser Eindruck wurde heute noch verstärkt durch das frühe Dunkel, je länger er hinsah, desto weniger erkannte er, desto tiefer versank alles in Dämmerung." (S. 156-57). In diesem Textausschnitt wird besonders deutlich, dass die Dunkelheit es K. zusätzlich erschwert, das Schloß, als ein festes Ordnungselement im Raum zu verorten und die eigene Position - im Verhältnis zum angestrebten Fixpunkt - zu bestimmen. Dieses Phänomen zeigt sich unter anderem auch in der Szene, in der K. mit Barnabas durch die Schneenacht wandert und es heißt: „Sie gingen, aber K. wußte nicht wohin, nichts konnte er erkennen, nicht einmal ob sie schon an der Kirche vorüber gekommen waren, wußte er." (S. 49). Neben des Motivs der Dunkelheit, bedient sich der Dichter Kafka auch immer wieder dem des Schnees, welcher die Raumstrukturen bedeckt und jeglichen Orientierungspunkt unkenntlich macht.[40]

Das einzige Ordnungskonzept, welches sowohl K. als auch der Leser erfassen können, besteht in der klaren Aufteilung der zwei Bereiche: Dorf und Schloß; das Schloß, welches höher gelegen ist, markiert dabei den einzigen Fixpunkt, an dem Kafkas Held sich orientieren kann. Hier bietet es sich erneut an, die Metapher der Dorfstraße aufzugreifen; denn auch seine erste Vermutung, die Dorfstraße - als Gerade beginnend im Dorf und hinführend zum Schloß - kennzeichne eine Verbindungslinie, muss K. verwerfen, denn „die Straße nämlich, diese Hauptstraße des Dorfes führte nicht zum Schloßberg, sie führte nur nahe heran, dann aber wie absichtlich bog sie ab [...]" (S.21).

Ein weiteres Problem der Aufteilung des gesamten Raumes besteht darin, dass die Dorfbewohner ihrerseits ihren Lebensraum nicht – wie K. und der Leser – in die beiden Sphären: Dorf und Schloß einteilen; in ihren Köpfen existieren keine räumlichen Konzepte, in derer sie sich positionieren. Die Abgrenzung zwischen Dorf und Schloß manifestiert sich in ihrem Bewusstsein nur durch die hierarchischen Strukturen, denen sie ausgesetzt sind.

Nachdem K. einsehen muss, dass es keine direkte Verbindung vom Dorf zum Schloß gibt, versucht er, sich über den „Herrenhof" einen Weg zum Zentrum zu verschaffen. Als sogenannter Herrenhof wird der gesamte Bereich des oberen Stockwerkes des Wirtshauses bezeichnet, dort befinden sich die Zimmer der höheren Beamten und Sekretäre, wie Klamm,

---

[40] Vgl.: Gradmann: Topographie/Text. S. 123

Bügel oder Erlanger. Der Wirt, die Wirtin und das Ausschankmädchen Frieda, sowie die Zimmermädchen sind Teil des Herrenhofs, dennoch haben sie verschiedene Zugangsbefugnisse zu den einzelnen Zimmern oder Stockwerken.

Die Beschreibungen des Herrenhofs stechen im Roman besonders hervor, so scheint das Wirtshaus der einzige Ort zu sein, in dem es eine klare räumliche Aufteilung gibt. Diese konturierte räumliche Struktur, die K. ein Gefühl von Ordnung und Funktionalität verschafft, versetzt ihn in Hochstimmung: „Wie still und schön. Ein viereckiger Hof, auf drei Seiten vom Hause, gegen die Straße zu [...] von einer hohen weißen Mauer mit einem großen schweren jetzt offenen Tor begrenzt[...] Eine rechtwinklig gebrochene Treppe führte herab, und war unten von einem niedrigen aber scheinbar tiefen Gang gekreuzt, alles war rein, weiß getüncht, scharf und gerade abgegrenzt." (S. 161-62). Die räumliche Darstellung des Herrenhofs, welche sich durch eine klare Struktur und die Helligkeit auszeichnet, steht im auffallenden Kontrast zu der Beschreibung der anderen Räumlichkeiten, die K. nur grob wahrnehmen und einordnen kann.

Es liegt die Vermutung nahe, dass mit den räumlichen und strukturellen Merkmalen des Herrenhofs die funktionelle Komponente der Abgrenzung einhergeht. Dadurch, dass dieser Ort, als räumlicher Vertreter des Schloßes, der einzige zu sein scheint, dem ein feststehendes Ordnungssystem unterliegt, wird eine scharfe Grenze - zu der, in unmittelbarer Nähe gelegenen, Dorfumgebung - gezogen. Genau jene Abgrenzungsabsicht erkennt K. und erhofft sich, Zugangsmöglichkeiten zu den oberen Stockwerken des Wirtshauses gewährt zu bekommen. In seiner Annahme, der Herrenhof stelle eine Verbindung zum Schloß-Apparat dar und könne eine solche auch herstellen, liegt K. richtig. Dennoch muss der Held, im Zuge seines Aufenthalts, lernen, dass jene Verbindungen zum Schloß einer enormen Willkür und Unzuverlässigkeit unterliegen und somit muss in ihrer Wertigkeit überdacht werden müssen. Der Zugang zu dieser Instanz kann einem zu jedem Zeitpunkt gewährt und wieder verwehrt werden.

3.1 K.s Raumwahrnehmung

„Es war spät abends, als K. ankam. Das Dorf lag in tiefem Schnee. Vom Schloßberg war nichts zu sehen, Nebel und Finsternis umgaben ihn, auch nicht der schwächste Lichtschein deutete das große Schloß an." (S.7)

Dies ist die erste Raumwahrnehmung des Protagonisten K.s, als er in der unbekannten Dorf-Schloß- Welt ankommt. Dass dem Rezipienten die Darstellung aller Räume nur aus der Perspektive K.s übermittelt wird, ist im Verlaufe der vorliegenden Arbeit schon mehrfach erwähnt worden. In diesem Kapitel soll die Art und Weise, wie K. Räume wahrnimmt und wie er diese Eindrücke verarbeitet, untersucht werden.

K.s Wahrnehmung zeichnet sich unter anderem dadurch aus, dass er nicht in der Lage ist, die Bestandteile eines Raumes im Ganzen aufzunehmen. Vielmehr nimmt er die einzelnen unterschiedlichen Elemente nacheinander wahr; dadurch ergibt sich auch für den Rezipienten – sowie für K. – kein Gesamtbild; die Merkmale einer Örtlichkeit oder eines Objektes werden „collagenartig" aneinandergereiht. Die Gestaltung und Struktur der dargestellten Räume konstituieren sich aus dem Bewusstsein des Protagonisten heraus. Mit K.s wechselhafter und unsteter Wahrnehmung, verändern sich auch die Räumlichkeiten, sowie deren Elemente, und können zu keinem Zeitpunkt als feststehende Orientierungspunkte eingestuft werden. Dieses Phänomen wird anhand der Darstellung des Schloßes – und insbesondere am Bild des Schloßturmes – sehr deutlich; so wird dem Leser an einer Stelle gesagt, dass der Turm der Schloß-Anlage auf K. den Eindruck eines „trübselige[n] Hausbewohner[s], [...] der das Dach durchbrochen und sich erhoben hätte, um sich der Welt zu zeigen" (S. 18) mache; im weiteren Verlauf des Romans heißt es dann: „Wenn K. das Schloß ansah, so war ihm manchmal, als beobachte er jemanden, der ruhig dasäße und vor sich hinsehe [...]" (S. 156). In diesen unterschiedlichen – dasselbe Objekt betreffenden – Beschreibungen wird evident, dass K.s Wahrnehmungen sehr von seinen emotionalen Empfindungen geprägt sind und daher als „Momentaufnahmen" betrachtet werden sollten.

Dennoch ist die Art und Weise, wie der Protagonist versucht, Kenntnis über das Schloß zu gewinnen sehr interessant; K. betrachtet das Objekt seine Begierde nicht nur von außen und untersucht, wie dieses räumlich situiert ist, sondern sein Bestreben liegt darin, es „sinnlich" zu erfassen. Es wirkt, als würde der Landvermesser bewusst seine gesamte abstrakte Vorstellungskraft nutzen, um das Schloß im Gesamten erfahren zu können.[41] In der Form, in welcher Kafkas Held sich mit der visuellen Konzeption des Schloßes – die in ihm immer wieder verschiedene Eindrücke auslösen – auseinandersetzt, könnte man seiner Betrachtungsweise einen „Forschungscharakter" zuschreiben. Die unterschiedlichen Darstellungen irritieren zwar den Rezipienten und lassen den Text – sowie K.s Suche nach etwas nicht greifbarem – unverständlich erscheinen lassen, dennoch weisen sie gleichzeitig eine bestimmte Methodik, derer seine Wahrnehmung folgt, auf. Zunächst sieht K. „das Schloß deutlich umrissen", darauf folgt die Einschränkung „ein Städtchen [...] recht elend" und zuletzt erblickt er den Turm, „dessen Mauerzinnen unsicher, unregelmäßig, brüchig, wie von

---

[41] Greß: Die gefährdete Freiheit. S. 169.

17

ängstlicher oder nachlässiger Kinderhand gezeichnet" (S. 18). Diese devalvierende Darstellung setzt sich aus jenen Informationen zusammen, die K. mit seinen Sinnen wahrnehmen kann.[42] Der Protagonist versucht, die Existenz des Schloßes mit seinen eigenen Sinnen empirisch zu belegen und scheut sich zu keinem Zeitpunkt, eine Wahrnehmung zu revidieren. Die Art und Weise dieses Bewusstseins zeigt ebenfalls eine Analogie zu der Tätigkeit eines Landvermessers auf. So scheint es, als würde K. die Anlage aus verschiedenen Blickwinkeln und Perspektiven mit seinen Augen „vermessen" wollen.[43]

Zusammenfassend kann man sagen, dass Kafka in seinem Roman „Das Schloß" Raumstrukturen anlegt, welche sich jeglichen Ordnungskonzepten entziehen. In diesem Werk scheinen weder graphische Fixpunkte, noch graphische Zusammenhänge zu existieren. Dass es dem Rezipienten so schwerfällt, eine Verbindung zwischen den vorliegenden Örtlichkeiten herzustellen, sieht Gradmann darin begründet, dass im Schloß „jede Beziehung im Raum, *kaum angedeutet*, schon *wieder zurückgenommen* wird, und zwar nicht einfach im Sinne einer Negation; einander widersprechende räumliche Bestimmungen bleiben vielmehr nebeneinander stehen [...] und stellen gemeinsam ein Raummodell her [...]"[44]. Diese Beschreibung des kafkaschen Stils der Raumgestaltung geht in Richtung der Theorie Fiechters[45], welcher in seiner Dissertation die These aufstellt, Kafkas Raumdarstellung folge „dem Prinzip der Reduktion – einer horizontalen Reduktion in der Verengung, einer vertikalen im Verlust der Höhe, einer atmosphärischen in der abnehmenden Helligkeit".[46] Ausgehend von der Analyse und diesen Beobachtungen ist festzuhalten, dass die Bedeutung der Räume in Kafkas Schloß nicht in ihrer geographischen oder geometrischen Bestimmung liegt, sondern viel eher in ihrer Funktion als „nicht greifbares Raumkonstrukt" zu suchen ist.

3.2 Das ‚Schloß' als bürokratischer Apparat

„In der Literatur über Bürokratie gibt es ein ausgezeichnetes Werk, zwar kein wissenschaftliches, aber vielleicht gerade deshalb so ausgezeichnet, weil es ein belletristisches Werk ist: Kafkas ‚Schloß'. [...] Ich glaube, daß keiner, der sich mit den Fragen der Bürokratie befaßt, auf die Lektüre von Kafkas ‚Schloß' verzichten dürfe"[47]

---

[42] Greß: Die gefährdete Freiheit. S. 172.
[43] Greß: Die gefährdete Freiheit. S. 171.
[44] Gradmann: Topographie/Text. S. 135.
[45] FIECHTER, H.: Kafkas fiktionaler Raum. Erlangen: Palme&Enke 1980. S. 189 (Ursprüngl.: Kassel, Diss. Phil., 1980.
[46] Ebd.
[47] SCHAFF, A.: Entfremdung als soziales Phänomen, Wien 1977, S. 163.

Kafka thematisiert in seinem Roman die Begegnung des Einzelnen – hier K. – mit der Bürokratie und stellt dar, wie sehr die (Dorf-) Gesellschaft von dem komplizierten Verwaltungs-und Staatsapparat, dem ‚Schloß' abhängig gemacht wird.

Bevor in diesem Kapitel die bürokratischen Strukturen im ‚Schloß' einer genauen Betrachtung unterzogen werden, soll vorerst eine kurze Einführung zum Begriff der Bürokratie vorangestellt werden.

Die bedeutendsten wissenschaftlichen Studien zur Bürokratie gehen von dem Polyhistor Max Weber aus.[48] Der Wissenschaftler Weber prägte die Formel „Entzauberung der Welt", in welcher er die Entwicklung des Abendlandes - von einer Welt mit Göttern, Dämonen und Mythen hin zu einer rationalisierten gottfremden Welt ohne Propheten – zusammenfasste.[49]

Die „Entzauberung der Welt" bedeutete nicht nur das Austauschen von „geheimnisvollen unberechenbaren Mächten" gegen den Menschen, der nun Glauben gemacht wird, „alle Dinge – im Prinzip – durch *Berechnen beherrschen* [zu] können"[50], sondern ergab auch, dass man jetzt mit technischen Mitteln die Welt erforschte.[51] Im Zuge der Rationalisierung, die in allen Lebensbereichen Einzug hielt und der damit einhergehenden „Verapparatisierung des Menschen"[52], entstand für das Individuum vermehrt der Eindruck, einer nüchternen und durchorganisierten Welt, mit einem neuen Verwaltungssystem, das eigenen Gesetzen folgt, ohnmächtig gegenüberzustehen.[53] Dieses Gefühl wurde zunehmend zum literarischen Gegenstand und gerade durch die rastlosen „Wahnsinnigen" und „Wanderern" Heldenfiguren in der Romantik ausgedrückt. Auch in der modernen Literatur ist es den Dichtern, wie Destoevskij, Tolstoj[54] und eben auch Kafka, immer noch ein außerordentliches Bedürfnis, in ihren Werken die Idee von einer rein vernunftbasierten und zweck-und verwaltungshörigen Gesellschaft – ohne Zauber – zu kritisieren.

Während die genannten Dichter über die „Entzauberung der Welt" und der Rationalisierung in ihren Werken eine eher negativ konnotierte Darstellung liefern, versuchte Weber mit seinem „idealtypischen Bürokratiemodell"[55] primär die positiven Aspekte herauszustellen.[56]

---

[48] So Theodor Heuss in seinem Geleitwort zu „Max Weber in seiner Gegenwart" zu: M. Weber, Gesammelte politische Schriften, 3., erneute vermehrte Aufl., hrsg. von Johannes Winkelmann, Tübingen 1971. S.7.
[49] WEBER, M.: Vom inneren Beruf zur Wissenschaft. In: Ders., Soziologie. Universalgeschichtliche Analysen. Politik, hrsg. von J. Winckelmann, 5., überarbeitete Aufl., Stuttgart: Kröner 1973. S. 335. (Im Folgenden mit „Soziologie" als Kurztitel zitiert)
[50] WEBER, M.: Vom inneren Beruf zur Wissenschaft, in: Ders., Soziologie. S. 317.
[51] Ebd.
[52] SCHLUCHTER, W.: Die Paradoxie der Rationalisierung. Zum Verhältnis von ‚Ethik' und ‚Welt' bei Max Weber. In: Zeitschrift für Soziologie 5, 1976. S. 264.
[53] Ebd.
[54] Bezugnahme auf Dostoevskijs „Kellerlochmensch" und Tolstojs „Auferstehung"
[55] DORNEMANN, A.: Im Labyrinth der Bürokratie. Tolstojs „Auferstehung" und „Kafkas Schloß". Heidelberg: Carl Winteruniversitätsverlag 1984. In: Beiträge zur neueren Literaturgeschichte; Folge 3, Bd. 60. S.23.

Dass ein Modell, wie auch die Literatur, ein Produkt der Fiktion ist, soll an dieser Stelle betont werden. Basis für das Entwickeln seines Modells ist natürlich die Wirklichkeit, von welcher der Forscher Weber ausgeht, um nach der Herausarbeitung der wichtigsten Kernpunkte – die eine soziale Erscheinung im Wesentlichen kennzeichnen –, das soziale Phänomen in seiner Hauptfunktion damit zu vergleichen, wie es tatsächlich in der Realität ausgeformt ist und gelebt wird.[57] Mittels dieser Vorgehensweise ist es möglich, soziale, wirtschaftliche und auch ökonomische Phänomene nach ihrer grundsätzlichen Idee zu bestimmen; Weber nennt diese Modellkonstruktion „Idealtypus" und betont ferner, dass so ein Konzept empirisch nicht nachweisbar sei, da es sich eben um eine Utopie handle.[58] Dabei ist noch wichtig zu erwähnen, dass in diesem Kontext ein Idealtypus nicht auf ein bestimmtes Ideal referiert und seine Sinnhaftigkeit geltend macht, sondern nur die Essenz einer Sache wiedergibt.

Der amerikanische Soziologe Thomas Robb McDaniel weist in seiner Dissertation[59] ausdrücklich auf die Ähnlichkeit zwischen Kafkas literarischem Abbild der Bürokratie und Webers „idealtypischer" Darstellung hin und postuliert, dass beide Untersuchungen zum Wesen der Bürokratie idealtypischen Charakters seien.[60]

„[…] Der Kunst geht es - wie dem Idealtypus - um das Wesen der Dinge."[61] „Nachahmung und Darstellung sind nicht abbildende Wiederholung allein, sondern Erkenntnis des Wesens…Wer nachahmt, muß weglassen und hervorheben. Weil er zeigt, muß er, ob er will oder nicht, übertreiben."[62]

Wie Kafka im „Schloß" das Wesen der Bürokratie, nach seinem Verständnis, darstellt, wird nun im Folgenden erörtert.

Schon K.s Ankunft in einem fremden Dorf bedeutet den ersten administrativen Einsatz; für seinen weiteren Aufenthalt wird eine amtliche Aufenthaltsgenehmigung eingefordert, die der Fremde nicht besitzt. Mit dieser Forderung wird sein ursprüngliches Ziel, ins Innere des Schloßes zu gelangen, vor eine, das Vorhaben sehr gefährdende, Hürde gestellt. K. ist durch

---

[56] Weber ist der Meinung, dass Handlungen, die „wert-und zweckrationalen Maßstäben" folgen, für den Menschen einen „Hort der Freiheit" darstellten. Vgl.: Dornemann: Im Labyrinth der Bürokratie. S. 22.
[57] Ebd.
[58] Weber: Vom inneren Beruf zur Wissenschaft, in: Ders., Soziologie. S. 24.
[59] McDANIEL, Th. R.: Two faces of Bureaucracy: A Study of the Buereaucratic Phenomenon in the Thought of Max Weber and Franz Kafka, The Johns Hopkins University, Baltimore, Phil. Diss. [Mikrofilm], 1971.
[60] Dornemann: Im Labyrinth der Bürokratie. S. 24.
[61] Dornemann: Im Labyrinth der Bürokratie. S. 25.
[62] GADAMAR, H. G.: Wahrheit und Methode. Grundzüge einer philosophischen Hermeneutik, 2. Aufl., Tübingen 1965, S. 109. In: Dornemann: Im Labyrinth der Bürokratie. S. 25.

dieses Ultimatum gezwungen, sein Ziel vorerst der Notwendigkeit, eine solche Aufenthaltserlaubnis *als* Landvermesser zu erlangen, unterzuordnen. Die Genehmigung bedeutet nicht nur seinen legalen Aufenthalt, sondern stellt für den Fremden in Aussicht, als arbeitendes Individuum akzeptiert zu werden. K.s Wunsch nach Anerkennung und Eingliederung in die Gesellschaft kollidiert mit dem Massengesellschaftsgedanken der Bürokratie. Als Eindringling in einer in sich geschlossenen, nach eigenen Traditionen lebenden, behäbigen Gesellschaft, wird K. durch seine alleinige Anwesenheit zu einem Störfaktor, den es zu bekämpfen gilt[63] und zu einem individuellen Fall der 'Schloßbürokratie'. Da „[...] die Bürokratie [als] ein Symptom der *Vermassung*, [...] Gegenteil individueller Lebensgestaltung, Beseelung [und] Autonomie"[64] ist, ist ein Individualist wie K., der nach Höherem strebt, in diesem System ein Fremdkörper und avanciert so zu einem unbearbeitbaren bürokratischen Präzedenzfall.

Das Schloß ist in Kafkas Roman als ein undurchschaubarer bürokratischer Apparat konzipiert, welcher mit seinem Verwaltungssystem jeden Dorfbewohner kontrolliert. Interessant dabei ist, dass die Dorfbewohner einem unnahbaren hierarchischen System ausgesetzt sind, welches im Stande ist, ihre Lebensführung aus der Ferne zu bestimmen und zu lenken. An der Spitze der Verwaltung stehen die Schloßbeamten, die mit der Androhung von vermeintlichen Sanktionen für die Einhaltung der Vorschriften sorgen und damit die Dorfbewohner drangsalieren. K.s ganzer Ehrgeiz liegt darin, sich dem Schloß zu nähern und in Kontakt mit den verantwortlichen und einflussreichen Schloßbeamten zu gelangen.

Ihm wird aber dieser Einlass verwehrt und als nicht bürokratisiertes Individuum wird er zurückgestoßen. In seinem 1910 erstmals erschienenen Aufsatz „Der Beamte" erklärt der Soziologe Alfred Weber aus soziologischer Sicht K.s Dilemma ziemlich genau. Er postuliert, dass während des 19. Jahrhunderts der einst „komplizierte Mensch" nach seiner „Verapparatisierung" als „Massenmensch mit geistiger Enge"[65] im Gleichschritt sein Leben streng nach wert-und zweckorientierten Maßstäben lebte. Mit Menschen außerhalb dieses Systems könne der bürokratische Apparat aber nicht interagieren.[66] Daran anschließend betont Max Weber, dass ein Apparat – welcher routiniert die Fälle bearbeitet – durch einen individuellen Fall, der im System nicht vorgesehen ist, ins Stocken gerät und einer Systemstörung bis hin zu einem Systemausfall erliegen kann.

---

[63] Vgl.: EMRICH, W.: Franz Kafka, 7. Aufl., Frankfurt a.M./Bonn 1970, S. 398.
[64] EMGE, C.A.: Bürokratisierung. In: Kölner Zeitschrift für Soziologie 2 (1950/51), S. 188.
[65] WEBER, A.: Der Beamte. In: Ideen zur Staats-und Kultursoziologie. Karlsruhe 1927. S.92.
[66] Weber bezieht sich auf einen Brief Ibsens an Georg Brandes vom 17. Februar 1871. Darin heißt es: „Der Staat ist der Fluch des Individuums [...] Wodurch hat es sich in Absonderung, in Poesie erhalten, trotz aller Rohheit von außen? [...] Der Staat muß weg. Bei der Revolution mach ich auch mit!" In: IBSEN, H.: Sämtliche Werke in deutscher Sprache, Bd. 10: Briefe, hrsg. von J. Elias und H. Koht, Berlin o.J., S. 159.

Genau dieses Szenario poetisiert Kafka in seinem Werk, indem er nicht nur die Unfähigkeiten der Bürokratie im Ausnahmefall exemplifiziert, sondern darstellt, wie die ‚Schloßbürokratie' in Sachen K. vollständig zum Erliegen kommt und sein Fall unbearbeitet bleibt.

In Kafkas Schloß fordert jede behördliche Entscheidung auch „zahlreiche Besprechungen" (S. 379). So erklärt der Gemeindevorsteher K. den Weg einer amtlichen Entscheidung wie folgt: „Einer wirklichen amtlichen Entscheidung gehen unzählige, kleine Erhebungen und Überlegungen voraus, es bedarf dazu der jahrelangen Arbeit der besten Beamten [...]" (S. 104). Der herrschende Apparat grenzt sich auch räumlich ab, so hat die Hauptverwaltung mit ihren Arbeitsstätten den Hauptsitz auf dem Schloßberg, wo die Bürokraten ganz unter sich sind. Olgas Worten nach zu urteilen, sollen dort auch Räume für Parteien (vgl. S. 280) vorhanden sein, der Text jedoch gibt keine weiteren Auskünfte darüber, sodass die Vermutung naheliegt, dass die Dorfbewohner nur Glauben gemacht werden sollen, dass diese existieren. Der sogenannte „Parteienverkehr" findet im Dorf, dem zeitweiligen „Herrenhof" statt und wird zu einem Ort, an welchem die Beamten aus dem Schloß ihre Herrschaft ausüben und „die Parteien ihnen den Hof zu machen haben".[67] Binder merkt in diesem Zusammenhang an, dass die Zusammenkunft der Beamten in der institutionellen Vereinigung des „Herrenhofes", als verlängerter Arm der eigentlichen Schloßbürokratie verstanden werden kann. Dabei ist jedoch besonders, dass der Herrenhof, gleichzeitig als Vertreter des Schloßes im Dorf das Schloß und aber auch das Dorf im Einzelnen vertritt.[68]

Obwohl der bürokratische Apparat das Leben aller Dorfbewohner durchdringt und lenkt, ist ein reziproker Austausch mit diesem unmöglich. Zwar werden K. und die Bewohner ständig mit der Anwesenheit von Beamten oder auszuführenden bürokratischen Tätigkeiten konfrontiert, doch im Falle des persönlichen Anliegens des Einzelnen bleibt die Beamtenmaschinerie passiv. Es scheint für den Rezipienten außerordentlich paradox zu lesen, wie geschäftig die Beamten beim Erledigen ihrer Amtssachen auf der einen Seite sind und auf der anderen Seite die einzige Interaktion darin besteht, K. und die Bewohner warten zu lassen. Dabei verwundert vor allem, dass die Bewohner die Arbeitsmoral – und Weise in keiner Form in Frage stellen, sondern diese akzeptieren. Diese Passivität zeigt sich auch in den Worten des Dieners, der K. beim Warten auf Erlanger erklärt: „Manchmal überfällt ihn [Erlanger] so die Müdigkeit hier im Dorf bei der geänderten Lebensweise. Wir werden warten müssen. Wenn er aufwacht, wird er läuten. Es ist allerdings schon vorgekommen, daß er seinen ganzen Aufenthalt im Dorf verschlafen hat und nach dem Aufwachen gleich wieder ins Schloß fahren

---

[67] Dornemann: Im Labyrinth der Bürokratie. S. 109.
[68] BINDER, H.; Kafka in neuer Sicht. Stuttgart 1979. S. 293ff.

mußte." (S. 383). Fischer beschreibt dieses Szenario sehr treffend als „Die Demütigung der Wartenden".[69]

Wie bereits angedeutet, gibt es keine wirkliche Kommunikation zwischen der Bürokratie und der Gesellschaft. Dies wird besonders deutlich an der Figur des Grafen Westwest, welcher an der Spitze der hierarchischen Schloßbehörde steht, aber nie in agierender Gestalt auftritt. Vielmehr ist er ein Gerücht in den Köpfen der Bewohner und in seiner Existenz unantastbar, doch kennt niemand diesen ominösen Grafen persönlich. K. deckt diese Tatsache auf als er den Lehrer fragt: „Sie kennen wohl den Grafen?" und sich erstaunt, nach der verneinenden Antwort seines Gegenübers, nochmal versichert: „Wie? Sie kennen den Grafen nicht?" (S. 20). Der Lehrer antwortet: „Wie sollte ich ihn kennen?" und erklärt K., dass die Kinder den Namen des Grafen nicht hören sollen, da für sie nie die reelle Möglichkeit bestünde, so mächtig zu sein, wie er (S. 20).

Dornemann verfolgt die These, der Graf Westwest personifiziere die Freiheit, die genau wie er in der Schloß – Welt nicht auftritt und für die Bewohner ein Tabu ist.[70] In der Schloß – Dorfwelt gibt es keine Freiheit und die Idee, es gibt ein Anderssein, so wie K. sie – als Fremder, der die Traditionen und Tabus missachtet –, verkörpert, wird von den Bewohnern im Keim erstickt. So kehrt der Lehrer, als Repräsentant des Systems, K. den Rücken zu und versucht, seine Schüler vor diesem Tabu, das K. mit seiner bloßen Existenz als Fremder gebrochen hat, zu schützen.

3.3 Das unerreichbare (Macht-) Zentrum

In Kafkas „Schloß" ist Macht an einen Raum gebunden, über den sie sich definiert, schützt und abgrenzt. Gleichzeitig ist diese Macht nicht greifbar und manifestiert sich im Wesentlichem in dem Bewusstsein der Dorfbewohner und Schloßbeamten, die an die hierarchischen Strukturen des Schloßes glauben und sich davon abhängig machen. Der Schloß-Apparat zeichnet sich in seiner Machtdemonstration dadurch aus, dass er eine Hierarchie der Mächtigkeit verkörpert. An der Spitze des Machtkomplexes steht der geheimnisvolle Graf Westwest, der im Verlaufe des Romans nur zweimal erwähnt wird und nicht in tatsächlich agierender Gestalt auftritt. Das Innehaben von Macht ist ein wichtiges Kriterium, nach welchem man im Dorf beurteilt wird. Macht ist in der Dorfwelt untrennbar damit verbunden, in einer Beziehung zum Schloß zu stehen und die Macht reproduziert sich

---

[69] FISCHER, Ernst: Franz Kafka. In: Sinn und Form 14 (1962). S. 497-553.
[70] Vgl.: Dornemann: Im Labyrinth der Bürokratie. S. 113.

nur über die machtvermittelnden Personen, welche Auskünfte über die Gesetze und Regeln des Schloßes geben können (S. 8f.). So erklärt der Wirt dem fremden K., dass der Unterkastellan mächtig sei und der Kastellan, der über ihm in der Hierarchie stehe, noch mächtiger sei (S. 16). Versucht man sich die Anatomie der Schloßbehörde bildlich vorzustellen, könnte man sagen, es handle sich einen Machtaufbau, welcher sich in immer kleiner werdenden Kreisen um eine – nur in der Vorstellung vorhandenen – Mitte lagert.[71] Die Sprach - und Literaturwissenschaftlerin Sylvelie Adamzik beschreibt die „Physiognomie der Macht [als] gesichtslos und längst anonym [..]"[72] und untermauert diese Feststellung mit der Darstellung des Naturraumes, den Kafka mit K.s Ankunft in der Dorf-Schloßwelt zeichnet, der von Nebel, Finsternis und Schnee geprägt ist und damit die „Machtsphäre" des Schloßes unsichtbar macht.[73] Hier klingt an, dass die Machtinstanz topographisch nicht zu fassen ist; die Faszination, die das Schloß auf K. ausübt, gründet auf seiner Idee von einem Schloß, mit welcher er etwas verbinden muss, das es wert ist, dieses Anwesen zum Ziel seiner Reise zu machen.[74]

Trotz aller Bemühungen scheitert K. an seinem Vorhaben, ins Schloßinnere zu gelangen. Obwohl, wie bereits festgehalten, der Schloß-Komplex die ganze Lebenswelt der Bewohner umspannt, ist es dennoch nicht möglich, in einen *wirklichen* Kontakt mit dem Amtsapparat zu kommen, da jede „Berührung" mit den Behörden nur „scheinbar" ist (S. 115). K. möchte aber nicht nur „scheinbar" mit dem Schloß in Berührung kommen, K. möchte sich die Macht des Schloßes vergegenwärtigen; warum sie sich ihm entzieht, kann er nicht verstehen.

In dem Beamten *Klamm* sieht K. seine Chance auf den Zugang zum Schloß: „[...] nicht Klamms Nähe an sich war ihm das erstrebenswerte, sondern daß er, K. [...] an Klamm herankam und an ihn herankam, nicht um bei ihm zu ruhen sondern um an ihm vorbeizukommen, weiter ins Schloß." (S. 176). Doch Klamm und das Gebäude sind gleichermaßen unerreichbar. Im Roman wird Klamm zunächst in seiner Funktion als Beamter eingeführt und erregt erst K.s Interesse, als dieser erfährt, er sei einer der höchsten Vertreter der übergeordneten Instanz. Frieda, das Ausschankmädchen im Herrenhof und nach eigenen Angaben die Geliebte Klamms (S. 62), gewährt dem Fremden einen kurzen Blick auf die Person Klamm, durch ein Schlüsselloch. Klamm erscheint K. als „[e]in mittelgroßer dicker schwerfälliger Herr [...]Wäre Herr Klamm völlig beim Tisch gesessen hätte K. nur sein Profil

---

[71] Vgl.: AAGE, A. Hansen-Löve: *Vor dem Gesetz*. In: Interpretationen, Franz Kafka, Romane und Erzählungen, hrsg. von Michael Müller, Stuttgart 2003. S. 146-157; 148.

[72] ADAMZIK, S.: Topographie der Macht. Basel, Frankfurt am Main: Stroemfeld/Roter Stern, 1992. S. 19.

[73] Vgl.: Ebd.

[74] Vgl.: GÖHLER, H.: Franz Kafka: Das Schloß. „Ansturm gegen die Grenze". Entwurf einer Deutung. In: Bonner Arbeiten zur deutschen Literatur, hrsg. von Benno von Wiese, Band 38, Bonn: Bouvier Verlag Herbert Grundmann 1982. S. 169.

gesehn, da ihm Klamm aber stark zugedreht war, sah er ihm voll ins Gesicht [...] da die Randleiste des Tisches hoch war, konnte K. nicht genau sehn, ob dort irgendwelche Schriften lagen, es schien ihm aber, als wäre er leer." (S.61). Wenngleich der Leser durch diese Beschreibung ein ziemlich genaues Bild von Klamm erfährt, muss dennoch betont werden, dass K. diesen Mann nicht als Klamm erkennt, sondern nur durch Frieda von ihm weiß, da sie ihn als Klamm eingeführt hat.[75] Diese Szene, in der K. Klamm einzige Mal sieht, näher wird er ihm nie kommen, ist deshalb so interessant, weil Kafkas Held bei aller genauen Beobachtung, dennoch ein Detail übersehen hat; K. hielt Klamm für wach, aber Frieda erklärt, er habe geschlafen (S. 65). Obwohl niemand außer Frieda Klamm persönlich begegnet ist – auch für dieses Verhältnis existieren keine Beweise - und es keiner Sicherheit gibt, wer Klamm genau ist, glaubt K. weiterhin an dessen Identität und Machtstellung. Somit bleiben die Person Klamm und das Schloß weiterhin in der Ferne bleiben.

> „Klamm war fern, einmal hatte die Wirtin Klamm mit einem Adler verglichen und das war K. lächerlich erschienen, jetzt aber nicht mehr, er dachte an seine Ferne, an seine uneinnehmbare Wohnung, an seine, nur vielleicht von Schreien, wie sie K. noch nie gehört hatte, unterbrochene Stummheit, an seinen herabdringenden Blick, der sich niemals nachweisen, niemals widerlegen ließ, an seine von K.s Tiefe her unzerstörbaren Kreise, die er oben nach unverständlichen Gesetzen zog, nur für Augenblicke sichtbar- das alles war Klamm [...]" (S. 183 – 184).

Hier wird deutlich, dass K. sich eingestehen muss, seine Wahrnehmung von Klamm zu überdenken; er hat den Beamten „nur für einen Augenblick" gesehen, aber er befindet sich in einer für ihn unerreichbaren Sphäre. „Klamms Kreise" spiegeln sich lediglich in den Erzählungen der Dorfbewohner wider, lassen sich aber „niemals nachweisen".

Man könnte meinen, dieser Vergleich würde exemplarisch für K.s „Denkweg" – hinführend zur Einsicht – stehen, dass er sein Ziel, über Klamm das Schloß zu erreichen, umschreibt oder gar aufgibt. Würde K. die Existenz Klamms und damit verbunden auch die des Schloßes daran binden, dass sie physisch wahrnehmbar sind, müsste er die Idee des „großen Schloßes" und was immer sich dahinter verbirgt, verwerfen. Genau hierin besteht K.s Dilemma: Er möchte an nichts glauben, dass er sinnlich nicht erfassen kann, genauso wenig möchte er die mögliche Existenz dessen leugnen, woran er glauben möchte, auch wenn er es sinnlich nicht erfahren kann.[76] Mit seiner Unwissenheit begibt sich K. in die Abhängigkeit des Schloß-Komplex und liefert sich diesem vollständig aus.

Das Prinzip der Macht, wie es sich im Schloß-Roman vollzieht, besteht nur in der Repräsentation der Vorstellung einer Macht und wird von den Schloßbeamten und den Schloßdienern, die sich gegenseitig vertreten und somit ihren Machtanspruch legitimieren, geschützt. Adamzik beschreibt diesen Schloß-Apparat sehr treffend als „Phantom" und weist

---

[75] Vgl.: Philippi: Reflexion und Wirklichkeit. S.189.
[76] Vgl.: Greß: Die gefährdete Freiheit. S. 169.

daraufhin, dass eine Hauptfunktion der Machtausübung in ihrer „Unsichtbarkeit" liegt und die Repräsentanten dieser Macht sich zu jedem Zeitpunkt „jedem Blick des Missbrauchten" entziehen können.[77]

---

[77] Adamzik: Topographie der Macht. S. 51.

4. Das Schloß als Bild der Gnosis: Eine Deutungsmöglichkeit des Schloßes

Anliegen dieses Kapitels ist es, den Weg K.s zum Schloß in seiner Sinnhaftigkeit nachzuvollziehen. Dieser Weg ist der eines Einzelnen, gefangen in einer irdischen Welt, auf der Suche nach einem vermeintlich überirdischen Ort: das Schloß gekennzeichnet. Als Ziel und Grund seiner Reise wird das Schloß genannt, was K. sich jedoch von dieser Instanz genau verspricht, bleibt vage und unausgesprochen. Der Kulturphilosoph und Literaturwissenschaftler Günther Anders sowie der Philologe Erich Heller[78] formulieren die These, dass der Schloß-Roman eine Welt – kontrolliert von einer unheilvollen Beamtenschaft, die wiederum von einer zweifelhaften und obskuren Instanz gelenkt wird - offenbart, in welcher der Romanprotagonist versucht, (Er-)Kenntnis über das Schloß zu erlangen, die dem Muster und der Struktur der gnostischen Lehre folgt.[79][80] Im Folgenden soll untersucht werden, inwiefern das Motiv des Schloßes in Kafkas Romanfragment im Sinne eines gnostischen Verständnisses entschlüsselt werden kann. Dazu wird zunächst der Grundgedanke des Gnostizismus kurz dargestellt werden.

Die „Gnosis", abgeleitet aus dem griechischen Wort für „Wissen", und „Erkenntnis", fasst die unterschiedlichen „sektiererische[n]"[81] Glaubenssysteme zusammen, deren gemeinsame Bestimmung darin liegt, Erlösung zu erfahren. Dabei scheint der Prozess der Erkenntnisgewinnung als Medium für den erlösenden Zustand zu fungieren.[82] Der Begriff der „Erkenntnis" kann in einem gnostischen Kontext nicht konkret beschrieben werden, da die Idee der Gnosis keine klaren Anhaltspunkte verrät, worin die erleuchtende Erfahrung genau bestehen soll. Im Gegensatz dazu wird das „Wissen" im Gnostizismus als eine explizite Erfahrung der Existenz Gottes verstanden.[83] Diese Erfahrung Gottes vollzieht sich gewissermaßen durch das Wissen darüber, zu welchem Verhältnis man als Mensch, in einer irdischen Welt lebend, zu Gott steht. Dabei steht „Gott" im Allgemeinen für jene übernatürlichen Inhalte und Vorstellungen, die auf ein Erlösen des Mensch-Seins referieren. In diesem Zusammenhang ist das gnostische Wissen, als eine „Wahrheitsempfängnis"[84] zu verstehen. Gnosis meint mit Wissen jedoch nicht ein „philosophisches Erkenntnisideal [...],

---

[79]Vgl.: Anders: Kafka – Pro und Kontra. S. 88.
[80] Vgl.: HELLER, E.: Franz Kafka. München 1976. S. 110.
[81]JONAS, H.: „Gnosis. Botschaft des fremden Gottes." Frankfurt a.M.: Insel-Verlag, 1999. S.56
[82] Ebd.
[83] Jonas: Gnosis. S.59.
[84] Ebd.

sondern ein Wissen, das zugleich eine erlösende befreiende Wirkung hat."[85] Die reinste Form der Gnosis tritt dann ein, wenn sich diese Empfängnis im Inneren der Seele ereignet. Ist dies der Fall, so wird man selbst Wissender und Teil des göttlichen Kosmos.

Der Wunsch nach Erlösung und das Motiv der Apotheose sind vielfach verwendete Inhalte der Literatur, die sich in den verschiedensten Epochen wiederfinden, was unmissverständlich zeigt, dass es elementare Gegenstände sind, die den Menschen zu einer Auseinandersetzung mit der eigenen Person zwingt.

Überträgt man diesen gnostischen Gedanken auf Kafkas Roman, impliziert das Schloß für K. jene Instanz, die ihm Erkenntnis gewähren soll. Kafka lässt offen, worin die eigentliche Bedeutung seines Schloßes liegt und auch K. vermittelt dem Leser keine Informationen über den konkreten Inhalt seines Strebens. Was jedoch deutlich wird, ist der unermüdliche Wille und Kampf des Protagonisten, sich Wissen über das Irdische hinaus anzueignen. Es stellt sich dabei die Frage, worin die Sehnsucht nach dem Metaphysischen grundsätzlich wurzelt und wie diese sich bei K.s ausdrückt. Für die Klärung dieser Frage, sollte man sich erneut das Bild vor Augen halten, wie wir – im gnostischem Sinne – Erkenntnis erhalten. Um sich einer göttlichen Existenz bewusst zu werden und sie in sich aufzunehmen, braucht es zunächst ein (auf-)geklärtes Verständnis der eigenen menschlichen Existenz. Stellt man sich diesem Experiment, die persönlichen Lebensumstände – und Verhältnisse einer genauen Betrachtung zu unterziehen und daran anschließend die Ergebnisse zu reflektieren, ist die Konfrontation mit dem eigenen Individuum so intensiv, dass sie einen zu verängstigen vermag. Blaire Pascal formuliert diesen Umstand sehr treffend mit den Worten: „Verschlungen von den unendlichen Weiten der Räume, von denen ich nichts weiß und die nichts von mir wissen, [...] erschaudere ich [...]."[86] In diesem Zitat wird besonders die Einsamkeit und das Verloren-Sein deutlich; dieses Gefühl wird durch die Vorstellung des „pars pro toto" hervorgerufen. Das Bewusstsein, zwar ein Teil des Ganzen zu sein aber dennoch >> das Ganze<< nicht erfassen zu können, lässt die Bedeutung des eigenen Lebens klein und unwichtig erscheinen. Umgekehrt wird ausgesagt, dass auch die „[...] unendlich weiten Räume [...]"[87], die metaphorisch für das Universum stehen, über keinerlei Wissen von menschlicher Existenz verfügen, was den Eindruck der Unbedeutendheit nochmals verstärkt. Hat man diese Gesinnung in sich aufgenommen, entsteht eine Fremdheit auf zwei Ebenen. Es ist ein „Fremdsein" in einer kosmischen Gemeinschaft, derer man zwar angehört, aber ein aktives

---

[85] RUDOLPH, K.: Die Gnosis. Wesen und Geschichte einer spätantiken Religion. Göttingen: Vandenhoeck & Ruprecht, 1994. S. 60.
[86] Jonas: Gnosis. S. 379.
[87] Ebd.

Teilhaben an dieser bleibt einem dennoch verwehrt. Dieses Fremdsein bestimmt auch K., der in seiner determinierten Existenz als Fremder, keine Integration in der Dorfwelt gewährt bekommt. Auch die Schloßwelt, zu der er sich zwar so hingezogen fühlt, die er aber – weder in ihrer topographischen Dimension, noch in ihrem ganzen Ausmaß an Sinnlichkeit – erfassen kann, bleibt ihm verschlossen. Im gesamten Romanverlauf ist er stets ein Ankommender, ein Mensch auf der Durchreise.

Bereits zu Beginn der Arbeit wurde dargestellt, worin K.s Fremdheit besteht, dennoch ist es in diesem Kontext sehr hilfreich, sich erneut die Worte der Wirtin „Sie sind nicht aus dem Schloß, sie sind nicht aus dem Dorfe, Sie sind nichts. Leider aber sind Sie doch etwas, ein Fremder [...]" (S. 69) zu vergegenwärtigen. Da K. jedoch – ganz im Sinne der gnostischen Denkweise – ein Leben in der „menschlichen Gemeinde" nicht mehr ausreicht und das Schloß ihm unzugänglich bleibt, gibt es für ihn keine Hoffnung auf Erlösung. Die Konsequenz, die sich daraus ergibt, ist die Einsamkeit.

Jonas führt an, dass auch die „Wahrheitsempfängnis", nach der es zu streben gilt, nur einen „agnosthos theos"[88], den verborgenen Gott beinhaltet. Der verborgene Gott lässt sich, ist man noch gefangen in einem weltlichen System, nicht erschließen, wodurch eine Erkenntnis als solche nicht zu erreichen ist. In Kafkas Schloß-Roman wird der Leser immer wieder damit konfrontiert, dass sich das Schloß nur bruchstückhaft und aus der Ferne in seiner Ganzheit wahrnehmen lässt. Geht man von der Annahme aus, das Schloß steht exemplarisch für Erkenntnis, ist K.s Scheitern, die Schloß-Instanz sinnlich zu erfahren, nicht verwunderlich. Der Protagonist handelt und denkt in den weltlichen Strukturen und ist nicht in der Lage, sich vollends seiner ursprünglichen Vorstellung des Schloßwesens zu öffnen. Der gnostischen Lehre nach, stellt in diesem Kontext die Körperlichkeit die Ketten dar, welche gesprengt werden müssten, um sich einer vollständigen Transzendenz hingeben zu können; auf den Protagonisten bezogen müsste Körperlichkeit durch den Glauben an Empirie ersetzt werden. Der Zustand annähernder Transzendenz gelingt K. erst, als er von seinen Kräften verlassen und von der Müdigkeit übermannt, in den Schlaf entflieht. Denn im Traum war „das lästige Bewusstsein verschwunden, er fühlte sich frei." (S. 415) und K. ist auf einmal im Stande, den Raum des Schloßes zu erfahren. Plötzlich gibt es in diesem Schloß weder Schloßbeamte, noch Sekretäre, noch Frauen, die ihm zuvor den Eingang versperrt haben. In der Gestalt eines Schäfers ist es ihm möglich, alle Personen – die zuvor als Machtvermittler das Schloß verkörpert haben – zu vertreiben. Dennoch kann Kafkas Held, der sich nun „allein in einem

---

[88] Jonas: Gnosis. S. 381.

großen Raum" (S. 416) befindet, keinen Sieg davontragen, da er in einem leeren Raum nichts erkennen kann.

5. Fazit: Die zielgerichtete Suche ohne Ziel

Ziel der Arbeit war zu untersuchen, inwiefern das Schloß in Kafkas Schloß-Roman als Motiv für Erkenntnis und damit einhergehend K.s Suche nach dem Schloß als Versuch einer Erkenntnisgewinnung gesehen werden kann.

Um sein Ziel, ins Schloßinnere zu gelangen, zu erreichen, versucht K., das Schloß – sowohl in dessen äußerer und räumlicher Darstellung als auch in dessen Machtfunktion – als Landvermesser empirisch und sinnlich zu erfassen. Diese sinnesbasierte Vermessung scheitert ebenso wie die räumliche Annäherung an das Schloß. Seine Suche nach dem Schloß wirkt für den Leser ziellos, da er im ganzen Verlauf der Geschichte keinen einzigen Anhaltspunkt erhält, was K. sich von der Instanz verspricht. Dadurch entsteht der Eindruck, dass auch K. keine Vorstellungen darüber hat, was das Schloß ihm offenbaren soll.

Geht man von der gnostischen Lehre aus, liegt K.s Scheitern auch in seinem Vorhaben begründet, die Existenz des Schloßes beweisen zu wollen. Wird das Schloß als erkenntnisgewährende Instanz gedacht, ist es nicht möglich, diese rational zu erfassen. Führt man diesen Ansatz weiter, unterliegt K. einem entscheidenden Denkfehler, denn ein Hauptmerkmal der Gnosis besteht darin, dass der Zustand der Erlösung erst eintreten kann, nachdem man sich aus allen Zwängen des irdischen Seins befreit hat.[89] K., der zwar nach Höherem strebt und folglich das Leben in der Gemeinschaft des Dorfes nicht in Betracht zieht, ist dennoch viel zu stark in der irdischen Welt verwurzelt. Diese Gebundenheit an das Weltliche spiegelt sich deutlich in seinen Handlungen und Denkstrukturen wider; so glaubt er, dass jene Personen in seinem Umfeld, die angeblich in einer Verbindung mit dem Schloß-Apparat stehen, ihm den Zugang zum Schloß vermitteln können. Die Gnosis lehrt jedoch, dass jede Erfahrung von Erkenntnis eine individuelle ist. Ist das Schloß ein Motiv für Erkenntnis, ergibt sich daraus, dass auch der Zutritt und Einlass in das Schloß jedem auf andere und individuelle Weise gewährt wird. So ist es nicht verwunderlich, dass der Beamte Klamm für K. unerreichbar bleibt, da er für die Suche K.s nach dem Schloß im Sinne der Erkenntnissuche keine Rolle spielt.

Ein weiterer Anhaltspunkt, das Schloß als Motiv für Erkenntnis zu betrachten, ist die Darstellung des Schloßes selbst. In dieser Arbeit wurde mehrfach festgestellt, dass es K. nicht möglich ist, das Schloß in einem Gesamtbild zu erkennen. Der Gnostizismus spricht von

---

[89] Vgl.: RUDOLPH, Kurt: Die Gnosis. S. 7.

einem „agnosthos theos" – dem verborgenen Gott. Abgesehen davon, dass alleine der Anspruch K.s, sich ein Bild von der Instanz – die Erlösung verspricht – machen zu wollen, nicht der gnostischen Lehre entspricht, ist die Sichtbarkeit eines jeden Gottes ausgeschlossen. Daran anschließend ist es nicht verwunderlich, dass das Schloß auch räumlich nicht zu fassen ist.

Kenntnis über das Schloß erhält K. lediglich über die Erzählungen der Dorfbewohner und er hofft, dass ihm diese Informationen für seine Suche helfen. Auch hier wird deutlich, dass K.s Suche einer rationalen Denkweise unterlegen ist, denn er sammelt Informationen, um diese zu ordnen und kausal miteinander zu verbinden. Man muss sich in diesem Zusammenhang vergegenwärtigen, dass Kafkas Held ein Landvermesser ist, daher ist sein strategisches Vorgehen nachvollziehbar. Allerdings begibt er sich damit in eine Abhängigkeit, die sich darin ausdrückt, dass seine Bilder und Vorstellungen vom Schloß lediglich auf den Berichten Anderer basieren. K. empfindet und erlebt das Schloß als einen bürokratischen und totalitären Machtapparat, weil er die Eindrücke des Schloßes, welche die Dorfbewohner haben, adaptiert.

Vielleicht besteht K.s Scheitern vornehmlich in seiner Unfähigkeit, sich von allem Weltlichen – speziell von seiner sozialen Umgebung – unabhängig zu machen und sich nicht eigenen Vorstellungen von einem erkenntnisbringenden Schloß hinzugeben.

6. Quellen – und Literaturverzeichnis

Primärliteratur:

JANOUCH, Gustav: Gespräche mit Kafka – Aufzeichnungen und Erinnerungen, F. a. M. 1981.

KAFKA, Franz: ‚Das Schloß' mit einem Nachwort von Max Brod, München 1926.

KAFKA, Franz: „Das Schloß", hrsg. v. Malcolm Pasley, Frankfurt/Main: Fischer, 1982

KAFKA, Franz: Hochzeitsvorbereitungen auf dem Lande. Hrsg. v. Max Brod, Frankfurt a.m., 1953.

Sekundärliteratur:

AAGE, A. Hansen-Löve: *Vor dem Gesetz.* In: Interpretationen, Franz Kafka, Romane und Erzählungen, hrsg. von Michael Müller, Stuttgart 2003.

ADAMZIK, Sylvelie: Topographie der Macht. Basel, Frankfurt am Main: Stroemfeld/Roter Stern, 1992.

ANDERS, Günther: Kafka Pro und Kontra. Die Prozeß Unterlagen. München: C. H. Beck, 2. Aufl., 1963.

BINDER, Hartmut: ‚Kafka in neuer Sicht. Mimik, Gestik und Personengefüge als Darstellungsform des Autobiographischen.' J. B. Metzlersche Verlagsbuchhandlung und Carl Ernst Poeschel Verlag, Stuttgart 1976.

BINDER, Hartmut: Kafka-Handbuch in zwei Bänden – Bd. 2, Das Werk und seine Wirkung, hrsg. v. H. Binder, Stuttgart 1979.

CAMUS, Albert: „Die Hoffnung und das Absurde im Werk von Franz Kafka." In: Politzer, Heinz (Hrsg.): „Franz Kafka. Wege der Forschung." 2., unveränderte Auflage. Wissenschaftliche Buchgesellschaft, Darmstadt 1980, S.163-174.

CAMUS, Albert: Der Mythos des Sisyphos. Deutsch und mit einem Nachwort von Vincent von Wroblewsky. Hamburg: Reinbeck, 3. Auflage. 2001.

DORNEMANN, A.: Im Labyrinth der Bürokratie. Tolstojs „Auferstehung" und „Kafkas Schloß". Heidelberg: Carl Winteruniversitätsverlag 1984. In: Beiträge zur neueren Literaturgeschichte; Folge 3, Bd. 60.

EMGE, C.A.: Bürokratisierung. In: Kölner Zeitschrift für Soziologie 2 (1950/51).

EMRICH, W.: Franz Kafka, 7. Aufl., Frankfurt a.m./Bonn 1970.

FIECHTER, Hans Paul: Kafkas fiktionaler Raum. Erlangen: Palme&Enke 1980. (Ursprüngl.: Kassel, Diss. Phil., 1980).

FISCHER, Ernst: Franz Kafka. In: Sinn und Form 14. 1926.

GÖHLER, Hulda: Franz Kafka: Das Schloß. „Ansturm gegen die Grenze". Entwurf einer Deutung. In: Bonner Arbeiten zur deutschen Literatur, hrsg. von Benno von Wiese, Band 38. 1982.

GADAMAR, Hans-Georg: Wahrheit und Methode. Grundzüge einer philosophischen Hermeneutik, 2. Aufl., Tübingen 1965.

GRADMANN, Stefan: Topographie/Text: Zur Funktion räumlicher Modellbildung in den Werken von Adalbert Stifter und Franz Kafka. Frankfurt a.M.: Verlag Anton Hain 1990.

GREß, Felix: Die gefährdete Freiheit – Franz Kafkas späte Texte, Würzburg 1994.

HELLER, Erich: Franz Kafka. München 1976.

IBSEN, H.: Sämtliche Werke in deutscher Sprache, Bd. 10: Briefe, hrsg. von J. Elias und H. Koht, Berlin [O. J.].

JONAS, Hans: „Gnosis. Botschaft des fremden Gottes." Insel-Verlag, Frankfurt am Main, 1999.

KOBS, J.: Kafka – Untersuchungen zu Bewußtsein und Sprache seiner Gestalten, Bad Homburg v. d. h. 1970.

KURZ, Gerhard: Traum-Schrecken: Kafkas literarische Existenzanalyse. Stuttgard: Metzler, 1980.

MANN, Klaus: "Dank für die Kafka-Ausgabe." In: Politzer, Heinz (Hrsg.): „Franz Kafka. Wege der Forschung." 2., unveränderte Auflage. Wissenschaftliche Buchgesellschaft, Darmstadt 1980.

McDANIEL, Th. R.: Two faces of Bureaucracy: A Study of the Buereaucratic Phenomenon in the Thought of Max Weber and Franz Kafka, The Johns Hopkins University, Baltimore, Phil. Diss. [Mikrofilm], 1971.

PHILIPPI, Klaus-Peter: Reflexion und Wirklichkeit. Untersuchungen zu Kafkas Roman ‚Das Schloß'. In: Studien zur deutschen Literatur, hrsg. v. Richard Brinkmann, Friedrich Sengle und Klaus Ziegler, Tübingen: Max Nemeyer Verlag 1966. Band 5.

RUDOLPH, Kurt: Die Gnosis. Wesen und Geschichte einer spätantiken Religion. Göttingen: Vandenhoeck & Ruprecht, 1994.

SCHAFF, A.: Entfremdung als soziales Phänomen, Wien 1977.

SCHLUCHTER, W.: Die Paradoxie der Rationalisierung. Zum Verhältnis von ‚Ethik' und ‚Welt' bei Max Weber. In: Zeitschrift für Soziologie 5, 1976.

WEBER, A.: Der Beamte. In: Ideen zur Staats-und Kultursoziologie. Karlsruhe 1927.

WEBER, M.: Gesammelte politische Schriften, 3., erneute vermehrte Aufl., hrsg. von Johannes Winkelmann, Tübingen 1971.

WEBER, M.: Vom inneren Beruf zur Wissenschaft. In: Ders., Soziologie. Universalgeschichtliche Analysen. Politik, hrsg. von J. Winckelmann, 5., überarbeitete Aufl., Stuttgart: Kröner 1973.